Weisheit vom Nil

Weisheit vom Nil
Altägyptische Weltsicht

Herausgegeben und übersetzt von
Hermann A. Schlögl

Mit fünf Strichzeichnungen und einer
Nachzeichnung von Barbara Lüscher

Artemis & Winkler

Die deutsche Bibliothek – CIP-Einheitsaufnahme

Weisheit vom Nil.
Altägyptische Weltsicht
Hrsg. und übers. von Hermann A. Schlögl. –
Düsseldorf; Zürich: Artemis und Winkler, 2001
ISBN 3-7608-4086-8

Umschlaggestaltung: Groothuis & Consorten, Hamburg
Satz: Josefine Urban – KompetenzCenter, Düsseldorf
Druck und Bindung: Wiener Verlag, A–Himberg
ISBN 3-7608-4086-8

Inhaltsverzeichnis

Vorwort 7

Recht, Gerechtigkeit, Wahrheit 11

Erzieher und Erziehung 21

Vorgesetzte und Untergebene 31

Sünden und Laster 39

Wünsche und Hoffnungen 47

Lob der Frauen 53

Alter 61

Über den Tod 67

Verzweiflung:
Aus den Fugen geratene Welt 75

Hymnus an die Sonne 81

Glossar 87

Quellen, Bildnachweis 91

Literaturverzeichnis 95

Vorwort

Auf dem Napoleonfeldzug nach Ägypten, der militärisch ein Fehlschlag, aber für die Erforschung der Geschichte des Landes eine Sternstunde bedeutete, fand man im Juli 1799 bei Schanzarbeiten den berühmten Sprachenstein von Rosette. Der schwarze Basaltstein – heute im Britischen Museum in London –, der auf einer Seite poliert ist, trägt drei Inschriftenkolumnen verschiedener Schriftzeichen, nämlich hieroglyphische, demotische und griechische Zeilen. Es ist dem französischen Ingenieur-Offizier Pierre Bouchard zu verdanken, daß er die Bedeutung dieses Fundes für die Entzifferung der Hieroglyphen erkannte, weil er richtig annahm, daß die drei Texte den gleichen Inhalt haben müßten. Die griechische Version war schnell gelesen und berichtete von einer Widmung der memphitischen Priesterschaft an König Ptolemäus V. Epiphanes aus dem Jahre 196 v. Chr. Lange Zeit entzogen sich die anderen Schriften einer Entzifferung. Erst Jean François Champollion, 1790 in Figeac in der Dauphine geboren, gelang es 1822, den Schlüssel für die Lesung altägyptischer Denkmäler zu finden. In seiner Schrift vom 27. September 1822, »Lettre à M. Dacier relative à l'alphabet des hiéroglyphes phonétiques« machte er seine Entdeckung der französischen Akademie und der Gelehrtenwelt bekannt. Durch diese Pioniertat ist es uns heute möglich, das ganze literarische Schaffen der alten Ägypter, sofern es die Zeiten überdauert hat, zu lesen und zu übersetzen.

Das vorliegende Buch bietet Auszüge aus verschiedenen Literaturgattungen: Historische Texte, Biographien, Erzählungen, lyrische und politische Dichtungen, Briefe, Märchen sowie einen Hymnus und sogenannte Weisheitslehren. Die letzteren gehören zu den ganz wenigen Literaturgattungen, welche der Ägypter selbst mit einem Namen versehen hat, nämlich mit der Bezeichnung »Sebait«, was mit »Lehre« oder mit »Unterweisung« übersetzt werden kann. In ihnen gibt ein fiktiver, greiser Vater seine ganze Lebenserfahrung wie ein Testament an seinen Sohn weiter. Die »Lehren« sind Sammlungen von sozialen Maximen, die den jungen Menschen zu einer verantwortlichen Lebensführung anhalten sollen und mit deren Hilfe er sich in die staatliche Gemeinschaft, sei es als Vorgesetzter, sei es als Untergebener, einfügt. Bei einer Befolgung der »Lehre« steht am Endpunkt: Glück und Erfolg als Lohn, bei einer Mißachtung: Scheitern und Unglück als Strafe.

Die übrigen ausgewählten Texte gehören zwar zu anderen Literaturgruppen, aber sie formulieren verwandte Gedanken. Verschiedene Oberbegriffe stellen die Verbindung her. Die Auswahl ist also kein literarisches Allerlei oder Kunterbunt, auch wenn die Dichtungen gekürzt oder nur in Fragmenten erscheinen. Eher gilt der Satz: »Wer vieles bringt, wird manchem etwas bringen«, den Goethe im Vorspiel zum ›Faust‹ dem Theaterdirektor in den Mund legt. Zu berücksichtigen ist auch, daß die ganze antike Literatur von Haus aus nur fragmentarisch ist und wir nur die schriftlich abgefaßten Denkmale des menschlichen Geistes besitzen, die der Zufall oder das Glück uns übriggelassen haben.

Uns trennt von den alten Ägyptern eine lange Zeitperiode. Vieles, sehr vieles hat sich, in unserer durch die rasante Entwicklung der Technik und den neuen Medien geprägten Welt, geändert. Aber in ihren Empfindungen und Gefühlen, in ihrer Menschlichkeit stehen uns ihre Schriften ganz nahe. Da ist nichts Fremdes oder Exotisches, ja manche Texte erscheinen so frisch, als wären sie erst kürzlich niedergeschrieben worden.

Recht, Gerechtigkeit, Wahrheit

Die Richtschnur der Welt ist das gerechte Handeln.

Aus: Der redekundige Oasenmann, um 2000 v. Chr.

Du bist der Vater des Waisen,
der Gatte der Witwe,
der Bruder der Geschiedenen,
der Schutz dessen, der ohne Mutter ist.
Gib, daß ich dir einen Namen in diesem Land
schaffe,
der über jedem guten Gesetz stehen soll:
Ein Führer frei von Habgier,
Ein Großer ohne Niedrigkeit,
Einer, der die Lüge auslöscht
und der Gerechtigkeit entstehen läßt,
einer der herbeikommt,
wenn die Stimme der Klage ertönt!

Der gerechte Richter, aus: Der redekundige Oasenmann,
um 2000 v. Chr.

Folgendes sagte seine Majestät zu ihm (dem neu
ernannten Vezir):
Blicke auf die Amtshalle des Vezirs,
sei wachsam auf alles, was in ihr vorgeht.
Siehe, sie ist die Stärke des ganzen Landes.
Das ›Vezir sein‹
ist nicht süß,
es ist bitter wie Galle.
Es ist das Erz, es umhüllt das Gold des Hauses seines
Herrn.
Sein Gesicht wird nicht auf die Hofbeamten und
Räte gerichtet sein,
und kein Klientel kann ihm aus den übrigen
Menschen entstehen.
Siehe, was ein Mann in der Residenz seines Herrn
bewirkt,
für dessen Zufriedenheit tut er es,
für einen anderen darf er nicht handeln.
Siehe, von Süden und Norden kommen die
Bittsteller . . .
Du sollst darauf achten, daß alles nach dem Gesetz
vor sich geht,
daß alles nach Richtigkeit getan wird,
und jeder sein Recht erhält . . .
Parteilichkeit ist Gott ein Greuel!
Eine Weisung soll dies sein!

Denke daran, demgemäß zu handeln:
Betrachte den, den du kennst genauso
Wie den, der dir fremd ist,
den der dir nahesteht so
wie den, der dir fernsteht.

Aus der Rede König Thutmosis' III. bei der Einsetzung des Vezirs.

Für spätere Jahre habe ich mich gerüstet.
Ich strebte danach, das Trefflichste für mich zu
erreichen.
Einer, der nachahmt, das was ich für mich bewirkte,
der wird zur Grenze der Erkenntnis gelangen.
Ich stelle das Gute vor mein eigenes Interesse,
und die Liebe zu mir breitete sich im ganzen Land
aus.
Um die Gunst eines Mächtigen zu gewinnen,
schwärzte ich keinen bei seinem Vorgesetzten an.
Brot gab ich dem Hungernden, Bier dem
Dürstenden,
den der gestrandet war, setzte ich mit dem Boot
über.
Eilenden Schrittes ging ich unter des Königs Befehl,
und teilhaftig wurde ich des Lobes:
»Ein Mann der Rechtschaffenheit gegenüber den
Menschen,
der genau ist beim Führen der Lernenden.
Die Leute sagen von ihm,
›wäre doch das Land voll von solchen, die ihm
gleichen‹.«
Dies sagte ich den Mitgliedern meines Stammes:
Ich bestattete die Alten,
den Nackten gab ich Kleidung,
nie habe ich eine Tat, die Gott verabscheut,
gegen Menschen begangen.
Ich übte Gerechtigkeit, die der König will.

Ich kam zu meiner Stadt (der Ewigkeit),
von meinem Gau war ich herabgestiegen.
Ich habe das, was Menschen lieben
und das, was die Götter loben, getan.
Stele des Antef aus der Zeit König Sesostris I.

Anfang der Lehre, die der Hohepriester des Amun,
	Amenemhat, verfaßt hat.
Er sagte es als Unterweisung seiner Kinder:
Ich spreche
und lasse euch wissen, das was mir geschehen ist,
vom ersten Tag an, seit ich zwischen den Schenkeln
	meiner Mutter hervorkam.
Ich war Reinigungspriester und »Stütze des Alters«
	bei meinem Vater,
solange er auf Erden lebte.
Nach seinem Befehl ging ich aus und kehrte
	zurück.
Niemals übertrat ich etwas, was aus seinem Munde
	kam.
Niemals verfälschte ich das, was er mir aufgetragen
	hat.
Auch vernachlässigte ich nicht etwas, das mir
	persönlich befohlen wurde.
Ich warf nicht vielsagende Blicke auf ihn,
sondern mein Gesicht war gesenkt,
wenn er mit mir redete.
Ich war gar nicht fähig, etwas zu tun,
was er nicht wußte.
Mit einer Magd seines Hauses schlief ich nicht
und schwängerte keine seiner Dienerinnen.
Seinen Mundschenk schalt ich nicht,
und niemals verschaffte ich mir gewaltsam bei ihm
	Zutritt.

18

Er lobte mich, denn er konnte kein Fehl an mir
finden.
Und ich blieb in Gunst bei ihm, bis zu seiner
Todesstunde.

Grabinschrift des Hohenpriesters Amenemhat, 1450 v. Chr.

Erzieher und Erziehung

Du junger Mann! Oh, wie bist du doch
eingebildet!
Du hörst gar nicht zu, wenn ich spreche!
Dein Herz ist schwerer zu bewegen als ein Obelisk,
der 100 Ellen* hoch ist und 10 Ellen dick,
der fertiggestellt ist und der abtransportiert werden
soll.
Er hat viele Arbeiter benötigt,
aber er hat sich doch den menschlichen Befehlen
gefügt!
In ein Transportschiff ladet man ihn,
fährt von Elephantine ab und verschifft ihn,
damit er seinen Standplatz in Theben erhält.
Man kauft dieses Jahr eine Kuh,
und im nächsten Jahr kann sie pflügen!
Ihrem Hirten gehorcht sie! Sie kann nur nicht
sprechen!
Pferde, die von der Weide geholt werden,
sie vergessen ihre Muttertiere.
Sie werden angeschirrt,
gehen dahin und dorthin
mit verschiedenen Botschaften seiner Majestät!
Sie werden genauso wie die (Stuten), die sie geboren
haben.
Im Stall stehen sie und tun alles aus Angst vor
Schlägen!

---

* 100 Ellen entsprechen ca. 52,30 m, 10 Ellen 5,23 m.

Schlüge ich dich auch mit allerlei Stöcken,
du hörtest doch nicht!
Oh, wüßte ich doch nur einen Ausweg, den ich
nehmen könnte!
Ich würde ihn benützen, damit du zuhörst.
Ein Mann würdest du dann werden, der fähig ist,
Schriftrollen zu beschreiben,
bevor du noch eine Frau kennenlernst!
Verständig wäre dein Herz,
geschickt deine Finger
und deine Sprache gewandt beim Lesen.

Lehrer an einen unwilligen Schüler, um 1100 v. Chr.

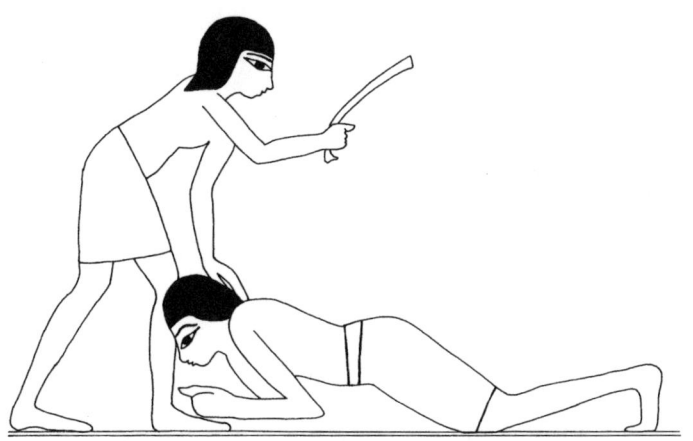

Der Schreiber Pa-uhem macht seinem Herrn, dem
Schreiber Inher-rech eine Mitteilung:
In Leben, Heil und Gesundheit! – Dies Schreiben ist
zu meines Herrn Information.
Eine andere Mitteilung für meinen Herrn:
Fluche nicht!
Sei vorsichtig mit den Worten,
und schweigsam gegenüber den Mitreisenden in
dem Fährboot!
Entrichte das Fährgeld!
Bezahle den Handwerker, damit er für dich weiter
arbeitet!
Zum Wohle für den Schreiber Inher-rech!

Übungsbrief eines Schülers, um 1200 v. Chr.

Der Leib eines Menschen ist gewaltiger als ein
Staatsspeicher,
tiefer ist er als der tiefste Brunnen,
wie das Feld eines Mannes, das nicht umschritten
werden kann.
Sein Wächter ist nur das Herz.
Alles Erlesene sollst du herauslassen,
das Böse aber bleibe eingesperrt,
bis zu deinem Tod.

Lehre des Ani, um 1300 v. Chr.

Hüte dich davor, einen Armen zu berauben,
oder einem Schwachen Gewalt anzutun.
Strecke nicht die Hand nach einem Alten aus,
um ihm nahe zu treten.
Beginne auch nicht zu reden bei einem Älteren.
Laß dich nicht mit einer widerwärtigen Botschaft
            ausschicken,
und brenne nicht darauf, sie auszuführen.

Lehre des Amenemope, um 1100 v. Chr.

Lege dich nicht nieder, wenn dich ›das Morgen‹
        schreckt.
Wenn es hell wird, wie wird dann ›das Morgen‹ sein?
Der Mensch kennt ›das Morgen‹ nicht.
Dauern wird Gott in seinem Erfolg,
der Mensch aber dauern in seinem Versagen.
Eines sind die Worte, die ein Mensch spricht,
etwas anderes das, was Gott tut.
Sprich nicht: ›Ich habe keine Sünden begangen.‹
Suche nicht nach einer Täuschung.
Die Sünde ist bei Gott,
besiegelt ist sie mit seinen Fingern.
In der Hand Gottes gibt es keine Vollkommenheit,
aber es gibt kein Versagen vor ihm.
Wer nach Vollkommenheit schielt,
zerstört sie im gleichen Augenblick.
Mache dein Herz fest und stark,
steuere nicht mit deiner Zunge!
Des Menschen Zunge ist zwar das Steuerruder des
        Schiffes,
der Allherr aber sollte sein Lotse sein.
Aus der Lehre des Amenemope, um 1100 v. Chr.

Berate dich mit dem Weisen wie mit dem
Unwissenden,
denn nie erreicht man die Grenzen einer Kunst.
Es gibt keinen Künstler, dessen Fertigkeit
vollkommen wäre!
Verborgener ist die schöne Rede als der grüne
Edelstein,
aber man kann sie entdecken bei den Dienerinnen
über dem Mahlstein.

Der weise Ptahhotep, um 2370 v. Chr.

Achte auf deinen Besitz,
sei er klein oder sei er groß,
schlecht ist willkürlicher Umgang damit.

Lehre des Ani, um 1300 v. Chr.

Setz dich nicht hin, wenn einer steht,
der älter ist als du,
oder, wenn er jünger ist,
höher im Rang.

Lehre des Ani, um 1300 v. Chr.

Vorgesetzte und Untergebene

O ihr Arbeiter,
ausgewählt, stark, mit den Händen tüchtig,
die ihr für mich Denkmäler errichtet in jeder Zahl,
erfahren mit der Arbeit an kostbaren Steinen,
Granitsorten erkennend und mit Sandstein vertraut!
O ihr Tüchtigen und Fleißigen beim Bauen von
                    Monumenten!
Ihr, die ihr mir alle Gotteshäuser vollzählig macht,
so lange wie sie werde ich leben!
O ihr vortrefflichen Arbeiter, die nicht müde werden,
die wachsam bei der Arbeit sind
und ihre Aufgaben gewissenhaft und gut erfüllen . . .
hört auf das, was ich euch sage!
Siehe, nützlich ist es für euch,
denn die Tat sei gemäß der Rede . . .
In jeder Beziehung habe ich für euch gesorgt,
damit ihr gerne für mich arbeitet,
denn ich bleibe stark als Beschützer eurer
                    Versorgung!
Wichtiger ist der Unterhalt für euch als die Arbeit!
Mein Wunsch ist es,
euch zu versorgen, um euch zu erhalten!
Denn ich kenne eure wahrhaft mühselige Arbeit,
bei der der Arbeiter nur froh ist,
wenn der Bauch voll ist . . .

Ansprache König Ramses II. an seine Arbeiter

Ich bin einer, der wahrhaftig ist,
auch parteiisch bin ich nicht.
Keine Verbindung ging ich mit Übeltätern ein.
Ich ließ nicht zu, daß einer,
der mir bei Arbeiten unterstellt war,
in schlechten Verhältnissen lebt!
Kein Mann konnte mir nachsagen,
ich hätte mich nicht um das gekümmert, was er
gesagt hat.
Ich ließ auch nicht zu viel arbeiten!
Einer, der für mich beschäftigt war, dem trat ich nie
zu nahe.
Ich ließ keine üble Nachrede zu mir gelangen,
etwa von dem, der einen anderen
bei seinem Vorgesetzten anschwärzt.
Mein ganzes Wesen ist Zeuge für das, was ich tat!
Vor jedermanns Auge ist es!

Aus der Biographie von Amenophis, Sohn des Hapu,
Regierungszeit des Königs Amenophis III.

Wenn du in einer leitenden Position bist,
dann höre geduldig zu bei den Worten eines
Bittstellers.
Weise ihn nicht ab, bis er seinen Leib ganz
ausgekehrt hat,
bis er alles ausgesprochen hat, was er sagen wollte.
Einem Bedrückten ist es lieber, sein Herz
auszuschütten,
als daß man tut, weswegen er kam!
Wenn einer einen Bittsteller abweist, von dem sagt
man:
»Warum tut er so etwas?«
Nicht alles, worum er bittet, kann erfüllt werden,
aber schon gut Zuhören beruhigt ein Herz.

Der weise Ptahhotep, um 2370 v. Chr.

Eine weitere Mitteilung an den Vizekönig:
Traue dem Nubier an sich nicht!
Hüte dich vor ihren Menschen und ihren Hexereien!
Schau doch, diesen Diener von niedriger Herkunft,
den du geholt hast, um ihn sogar zu einem
                    Amtsträger zu machen,
aber das ist doch kein Amtsträger, den du seiner
                    Majestät vorschlagen kannst!
Oder wolltest du nur feststellen, ob man hört:
Fehlt ein Kriegsbeil aus Elektron mit Bronze
                    eingelegt,
dann her mit einem dicken Knüppel von der
                    Wasserstelle,
oder ein anderer vom Akazienbrunnen!
Höre doch nicht auf ihre Reden! Kümmere dich
                    nicht um ihre Aufträge!

Aus einem Brief König Amenophis' II. an seinen Vizekönig von Nubien.

Sünden und Laster

Wenn die Lüge umgeht,
dann irrt sie umher,
überfahren mit einer Fähre kann sie nicht!
wenn einer reich wird durch sie,
der hat keine Kinder
und keine Erben auf Erden!
Reist er doch mit ihr,
kein Land erreicht er,
denn sein Boot kann am Ufer nicht landen.
Der redekundige Oasenmann, um 2000 v. Chr.

Wenn du willst, daß deine Amtsführung vortrefflich sei,
dann befreie dich von allem Bösen,
bekämpfe die Sünde der Habgier,
ein Leiden ist sie, eine zersetzende Krankheit.
Unmöglich ist ein Umgang mit ihr!
Denn sie entzweit Väter und Mütter
mit den Brüdern der Mutter,
ja, sie verjagt die Ehefrau!
Sie ist eine Ansammlung aller Schlechtigkeit,
ein ganzes Bündel jeglichen Übels.
Dauern wird nur ein Mann, der Gerechtigkeit übt!
Einer, der seine Schritte richtig lenkt,
ein Vermögen wird er weitergeben –
doch für den Habgierigen existiert kein Grab.
Der weise Ptahhotep, um 2370 v. Chr.

Lache nicht über einen Blinden,
und verhöhne nicht einen Verwachsenen,
erschwere nicht die Lage eines Lahmen!
Verspotte nicht einen Mann, der in Gottes Hand ist,
zürne nicht gegen ihn, wenn er gefehlt hat.
Der Mensch ist aus Lehm und Stroh,
und Gott ist es, der ihn formte.
Er vernichtet und täglich erschafft er.
Aus der Lehre des Amenemope, um 1100 v. Chr.

Was den Dummen angeht, der nicht hören will,
ihm wird nicht das Geringste gelingen!
Er erblickt Gelehrsamkeit in der Unwissenheit,
Nützliches im Schädlichen,
und er tut alles das, was Mißfallen erregt,
täglich müßte man ihn tadeln.
Er lebt von dem, woran man stirbt,
denn seine Labsal sind verdrehte Worte.
Der weise Ptahhotep, um 2370 v. Chr.

An den Schreiber Nachu-em-Mut in Leben, Heil und
Gesundheit,
in Lobpreisungen deines herrlichen Gottes,
Amun-Re,
des Königs der Götter,
deines vollkommenen Herrn, tagtäglich!
Ferner:
Was soll das, daß du dich so zum Schlechten verkehrt
hast, und das nun in dir steckt. Keine Ermahnung,
von wem auch immer, dringt an dein Ohr.
Wahrlich ein herrliches Vorbild!
Du bist gar kein Mann mehr und du bist gar nicht
fähig, deiner Frau ein Kind zu machen, wie es sich
gehört. Anders ausgedrückt: Du bist sehr reich, aber
du gibst niemandem etwas.
Wer keinen eigenen Sohn hat, der sollte sich doch
einen Waisenknaben holen und ihn aufziehen. Er
wird ihm einst Wasser aus seiner Hand spenden.
Aber – du bist ja selbst ein großes Kind!
Brief eines Unbekannten, um 1230 v. Chr.

Sei nicht unmäßig beim Biertrinken!
Nicht angenehm ist die lallende Sprache,
die aus deinem Munde kommt,
du selbst aber weißt nicht, was du redest.
Fällst du hin und bist du verletzt,
niemand ist da und reicht dir die Hand.
Deine Saufkumpane stehen herum
und sagen: Weg von diesem Betrunkenen!
Kommt aber eilig jemand,
um von dir einen Rat zu holen,
dann wird er dich am Boden finden,
daliegend wie ein Kleinkind.
Lehre des Ani, um 1300 v. Chr.

Wenn du mit mehreren beim Mahle
zusammensitzest,
begehre nicht die Speise, die du am meisten magst!
Das Herz zu bezähmen dauert nur einen kleinen
Moment.
Gier ist schändlich! Man nimmt Anstoß daran.
Ein Becher mit Wasser löscht doch den Durst,
und ein wenig Gemüse stärkt doch das Herz.
Ein Leckerbissen steht für alles Gute,
und ein bißchen steht für viel.
Ekelhaft ist der, der um seines Bauches willen gierig ist.
Aus der Lehre für Kagemni, um 2200 v. Chr.

Man sagte mir,
du hast mit dem Schreiben aufgehört
und gibst dich jetzt den Vergnügungen hin.
Du läufst von Straße zu Straße,
Biergestank trifft jeden, wenn du dich nur umdrehst.
Das Bier vertreibt die Menschen
und läßt deine Seele fortgehen.
Wie ein krummes Steuerruder im Schiff bist du,
das nach keiner Seite gehorcht.
Du bist ein Schrein ohne Gott darin,
wie ein Haus ohne Brot.

Aus einer Schülerhandschrift, um 1200 v. Chr.

Wünsche und Hoffnungen

Mögest du leben, heil und gesund sein!
Nie sollst du arm, nie in Not sein,
kein Elend komme über dich.
Du sollst wie die Stunden feststehen,
und deine Pläne mögen in Erfüllung gehen,
dein ganzes Leben lang!
Deine Äußerungen sollen trefflich sein.
Was dein Auge sieht sei gut,
was dein Ohr hört sei angenehm!
Gutes mögest du sehen, Angenehmes hören,
und Zuwachs an deinem Vermögen sollst du
erwerben!
Denn du bist ein Hirte, den Gott gegeben hat.
Du sorgst dich um so Vieles.
Deine Hand reichst du dem, der schwach ist,
Du richtest den auf, der gefallen ist.
Du stehst, dein Feind aber stürzt!
Der gegen dich sprach, der ist nicht mehr,
Du trittst vor die Götterneunheit,
und kommst heraus als einer,
der gerechtfertigt ist.

Glückwünsche, um 1200 v. Chr.

Siehe, mein Herz hat sich heimlich davongemacht,
zu einem Ort läuft es, den es kennt,
nach Süden eilt es, Memphis wiederzusehen!
Oh, wäre ich doch bei ihm!
Nun sitze ich da und erwarte mein Herz,
daß es mir sagt, wie es in Memphis geht,
ohne Nachricht bin ich von dort,
mein Herz ist fort von seinem Platz.
Komm zu mir, Ptah, hol' mich nach Memphis!
Laß mich dich ungehindert betrachten.
Den Tag verbringe ich traumverloren,
mein Herz ist nicht in meinem Leib.
Übel hat alle meine Glieder ergriffen,
mein Auge ist des Sehens müde,
mein Ohr hört nicht mehr,
meine Stimme ist heiser,
und alle meine Worte sind verdreht.
Sei doch gnädig mit mir,
laß mich dorthin gelangen!
Schülerhandschrift, um 1250 v. Chr.

Laß dein Herz nicht schwanken
wie lose Blätter im Wind.
Überlasse dein Herz keinem anderen,
denn nur vortrefflich ist der Mann der Tat!
An keine eitlen Vergnügungen hänge dein Herz,
sie sind doch unnütz
und keine Hilfe
dem Menschen am Tage der Not.

Weisheitslehre, um 1220 v. Chr.

Nimm dir die Lotusblüten, die aus deinem Garten
stammen,
nicht abmühen sollst du dich mit ihm.
Er liefert dir alle Geschenke, die er hat, jede Art
Pflanzen.
Zufrieden sollst du sein mit seiner Nahrung
und Überfluß haben an seinen Gaben!
Erfreuen wirst du dich an seinen Blumen
und Labsal finden im Schatten seiner Bäume,
in ihm sollst du tun nach deinem Herzen, für immer
und ewig.

Rede eines Sohnes an seinen verstorbenen Vater, um 1440 v. Chr.

Lob der Frauen

Regentin, groß an Huld,
Herrin an Schönheit, süß an Anmut,
von den beiden Ländern geliebt,
deren Hände mit Sistren geschmückt sind,
um ihren Vater Amun zu erfreuen.
Sehr Geliebte mit dem Diadem,
Sängerin mit schönstem Antlitz,
die herrlich anzusehen ist mit den beiden Federn,
Größte im Frauenhaus des Herrscherpalastes,
über deren Rede man glücklich ist.
Alles, was sie sagt, wird getan,
jedes Gute nach ihrem Willen.
Alle ihre Worte lassen die Gesichter erstrahlen.
Man lebt davon, nur ihre Stimme zu hören.

Lobpreis der Königin Nefertari, Gemahlin König Ramses' II.,
beim Fest des Gottes Amun.

Sei gegrüßt Re-Harachte, Vater der Götter,
seid gegrüßt, ihr sieben Hathoren,
die ihr das Schicksal bestimmt
mit dem roten Band!
Seid gegrüßt, Gottheiten,
ihr Herren des Himmels und der Erde.
Laßt die Soundso, Tochter der Soundso hinter mir
herlaufen
wie ein Rind hinter Futterkraut,
wie eine Dienerin hinter ihren Kindern,
wie ein Feldhüter hinter seinen Tierfallen.
Wenn ihr sie aber nicht hinter mir herlaufen laßt,
dann werfe ich Zunder in die Stadt . . .
und stecke ihn an.

Liebeszauber, geschrieben auf einer Scherbe, um 1200 v. Chr.

Seine Frau, die er liebt,
Herrin an Schönheit, süß an Anmut,
mit herrlichem Mund und angenehmen Worten,
erfolgreich an Plänen und mit Schriften vertraut.
Alles, was über ihre Lippen kam,
war Ausführung von Gerechtigkeit und Wahrheit.
Eine überaus tugendhafte Frau,
in ihrer Stadt gerühmt,
für jedermann hatte sie eine offene Hand.

Schönes sagte sie, Liebenswürdiges,
was alle schätzen, wiederholte sie.
Böses kam nie über ihre Lippen.
Bei allen war sie beliebt, die Renpetneferet.

Über dem Bild der Gemahlin des Hohenpriesters Petosiris,
um 300 v. Chr.

Denke daran, wie du zur Welt kamst
und wie deine Mutter dich aufgezogen hat.
Laß nicht zu, daß sie dich maßregeln muß,
ihre Arme zu Gott erhebt
und er ihr Rufen hört.
Lehre des Ani, um 1300 v. Chr.

Beaufsichtige nicht deine Frau in ihrem Hause,
wenn du ihre Tüchtigkeit kennst.
Sage nicht: »Wo ist denn dies und das? Zeig' es!«
Sie hat es schon an richtiger Stelle versorgt.
Lehre des Ani, um 1300 v. Chr.

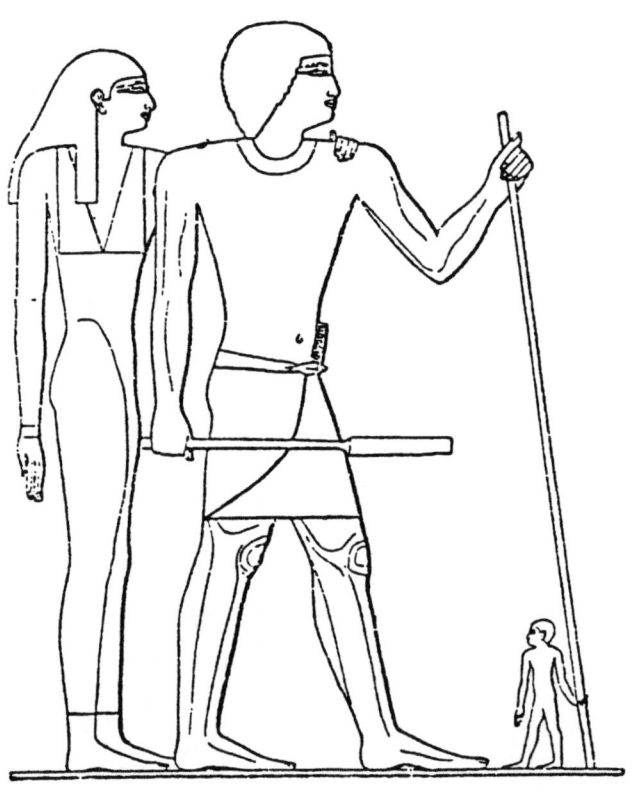

Alter

Hinfälligkeit ist entstanden,
denn das Alter ist da,
Beschwerden sind gekommen
und neu dazu Hilflosigkeit.
Der Gebrechliche schläft den ganzen Tag,
die Augen sind schwach, die Ohren taub.
Dem Herzkranken fehlt es an Kraft,
stumm bleibt der Mund, reden kann er nicht mehr.
Der Verstand vergißt,
er erinnert sich nicht an das Gestern.
Auch die Knochen leiden am Alter:
Gutes ist ins Schlechte verkehrt,
und jeglicher Geschmack dahin.
Das was das Alter dem Menschen antut –
Übel ist es in jedem Falle.
Die Nase ist zu, Luft holen kann sie nicht.
Mühselig bleibt das Aufstehen und Hinsetzen.

Der weise Ptahhotep, um 2370 v. Chr.

Es geschah anläßlich einer Sitzung des Königs im Sommerpalast der Westseite, einberufen vom König von Ober- und Unterägypten Mencheperre, der lebt, heil und gesund ist. Herbeigeholt wurden die Beamten, die Vornehmen des Ratsaals der Geheimen Räte, die Kammerherren, die Großen des Palastes und der Thronrat des Horus aus seinem Palast, um Angelegenheiten des Königs zu beraten. Auch der Vezir war eingetreten, um den Zustand der beiden Länder zu besprechen...

Da sagte seine Majestät vor dieser Versammlung:
»...Das Alter fordert seine Stunde.«

Die Beamten sprachen:
»Erkannt hast du, o König, unser Herr,
daß der Vezir das Alter erreicht hat,
niedergelassen hat sich in seinem Rücken
ein bißchen die Krummheit des Alters.
Auch hält die Stadt seine Anordnungen nicht mehr
ein.
Stelle deshalb deinen Herzenswunsch voran,
angenehm soll dir eine gerechte Entscheidung sein.
Denke über diese Angelegenheit nach!
Nützlich wäre es für deine beiden Länder,
einen Amtsverweser zu ernennen.«

Aus der Einsetzung des Vezirs User zur Zeit König Thutmosis III.

Als Kind verbringt man zehn Jahre,
indem man nicht weiß, was Leben ist und was Tod.
Weitere zehn Jahre verbringt man,
einen Beruf zu erlernen, von dem man leben kann.
Man verbringt weitere zehn Jahre,
einen Besitz anzuhäufen,
durch den man leben kann.
Weitere zehn Jahre vergehen,
bis man das Alter hat,
Ratschläge anzunehmen.
Sechzig Jahre bleiben dann noch übrig
von der ganzen Lebenszeit,
die Thot einem Frommen zugemessen hat.
Aber nur einer unter Millionen erreicht sie,
wenn Gott gnädig ist.

Aus der Lebenslehre des Papyrus Insinger, um 300 v. Chr.

Über den Tod

Meine Ba-Seele öffnete ihren Mund zu mir,
und sie beantwortete das, was ich gesagt hatte:
Wenn du über das Begräbnis nachdenkst,
Leid ist es, Tränen sind es,
und Trauer bringt es.
Es ist das Fortnehmen eines Menschen aus seinem
                              Haus,
um in ein Grab gelegt zu werden.
Nie wirst du empor steigen,
um die Sonne zu sehen!
Man baute in Granit
und errichtete Hallen als herrliche Gräber,
ausgeführt durch vortreffliche Arbeit,
so daß die, welche sie erbauen ließen,
scheinbar zu Göttern wurden.
Doch leer sind ihre Opfertische,
genauso als ob sie Tote wären,
die ohne Nachkommen am Ufer starben.
Die Flut holt sich ihren Teil und die Sonnenglut den
                              anderen.
Nur Fische am Gewässerrand sprechen mit ihnen.
Höre auf mich! Siehe, es ist gut, wenn die Menschen
                              hören!
Habe eine schöne Zeit und vergiß die Sorgen.
. . . .
Da öffnete ich meinen Mund zur Ba-Seele,
und ich beantwortete das, was sie gesagt hatte:

. . . .

Der Tod steht heute vor mir
wie das Genesen eines Kranken,
wie das Heraustreten ins Freie nach einem Leiden.

Der Tod steht heute vor mir
wie der Geruch von Myrrhen,
wie sitzen unter dem Segel an einem Tag mit Wind.

Der Tod steht heute vor mir
wie der Duft der Lotusblumen,
wie wohnen an der Stätte der Trunkenheit.

Der Tod steht heute vor mir
wie ein Nachlassen des Sturms,
wie die Rückkehr eines Mannes vom Feldzug nach
Hause.

Der Tod steht heute vor mir
wie das Hellwerden des Himmels,
wie wenn jemand die Lösung eines Rätsels findet.

Der Tod steht heute vor mir
wie der Wunsch eines Menschen, sein Heim
wiederzusehen,
nachdem er viele Jahre in Gefangenschaft verbracht
hat.

Aus dem Gespräch eines Lebensmüden mit seiner Ba-Seele,
um 1800 v. Chr.

Folge doch deinem Herzen und dem, was dir gut tut!
Verrichte Deine Dinge auf Erden,
und beunruhige dein Herz nicht,
bis der Tag der Klage (um deinen Tod) zu dir kommt.
Aber der (Herrscher der Unterwelt), der
Herzensmüde,
hört ihre Schreie nicht,
ihre Rufe retten kein Menschenherz aus der
Unterwelt.
Wahrlich – feiere einen Festtag, und werde dessen
nicht müde!
Schau, keinem ist es gegeben, seine Habe mit sich
zu nehmen!
Schau, keiner kehrte zurück, der einst ging!

Aus einem Harfnerlied

Als Kind, noch ohne Fehler,
da wurde mir das Leben genommen . . .
Jetzt muß ich schlafen im Wüstental als Kind.
Ich habe Durst, obgleich Wasser neben mir steht.
Aus meiner Kindheit wurde ich verstoßen
ohne Zeit zum Heranwachsen.
Mein Elternhaus verließ ich als kleines Kind,
ohne vom Leben satt zu sein!
Finsternis, Schrecken eines Kindes, kam über mich,
die Mutterbrust war noch an meinem Munde.
Die Geister des Grabes wehren jedermann ab,
aber es ist doch nicht Zeit, alleine zu sein.
Mein Herz freute sich, viele Menschen zu sehen,
denn die Fröhlichkeit habe ich geliebt.
Klage eines kleinen Mädchens auf einer Grabstele,
um 500 v. Chr.

Wenn der Tod zu dir kommen wird, um dich zu
                    holen,
dann soll er dich vorbereitet finden.
Sprich dann: Siehe, einer der gerüstet ist, wird
                    mitkommen.
Sage nicht: Ich bin zu jung, als daß du mich
                    wegholst.
Deine Todesstunde weißt du nicht.

Der Tod wird kommen,
er nimmt das Kind aus den Armen seiner Mutter,
und er holt den, der ein hohes Alter erreicht hat.
Lehre des Ani, um 1300 v. Chr.

Gib dir keine Mühe, mein Freund (mich zu trösten)!
Wer gibt denn schon einer Gans Wasser in der Frühe,
wenn er sie am Morgen schlachten will.
Der Schiffbrüchige, nach 2000 v. Chr.

Verzweiflung:
Aus den Fugen geratene Welt

Die schönen Dinge werden zugrunde gehen,
die tierreichen Gewässer, die für das Jagen bestimmt
sind,
an Fischen und Vögeln übervoll.
All diese Schönheit wird verschwinden,
ins Elend wird die Welt kommen
durch jene, die sich bereichern
und das Land heimsuchen.

Aus der Prophezeiung des Neferti, um 1800 v. Chr.

Drei Männer gehen dahin auf dem Weg,
dann findet man nur noch zwei.
Die Mehrheit bringt die Minderheit um.

Aus den Mahnworten des Ipuwer, nach 1900 v. Chr.

Ich grüble über das, was geschehen ist:
Heute ist das Elend hereingebrochen,
und auch morgen wird die Feindseligkeit nicht
verflogen sein.
Aber, jedermann schweigt dazu!
In großen Irrungen befindet sich das ganze Land,
und niemand ist frei von Schlechtigkeit!
Jedermann handelt danach.
Die Herzen sind gierig.
Einer, der einmal befahl,
ist jetzt einer, dem befohlen wird.
Beide aber sind damit zufrieden!
Wacht man auf, so ist es wie jeden Tag,
die Herzen weisen es nicht zurück,
der Zustand von gestern ist heute genauso.
Man achtet nicht mehr darauf,
denn es ist einfach zu viel.
Die Gesichter sind abgestumpft,
und keiner ist weise genug zu begreifen,
keiner wütend genug, es auszusprechen.
Man steht auf jeden Tag, um zu leiden.

Klagen des Chacheperreseneb, um 1800 v. Chr.

Man wird Waffen aus Metall herstellen
und Brot mit Blut fordern.
Über eine Krankheit lacht man,
und den Tod beweint man nicht.
Wegen eines Toten
verbringt man nicht eine Nacht hungrig,
jeder ist nur mit sich selbst beschäftigt.
Eine Trauerzeit hält man nicht ein,
man hat sie ganz aufgegeben.
Jeder sitzt da und schaut weg,
während einer den anderen umbringt.
Ich zeige dir den Sohn als Gegner,
den Bruder als Feind
und einen Menschen, der seinen Vater tötet.

Aus der Prophezeiung des Neferti, um 1800 v. Chr.

Hymnus an die Sonne

Schön erscheinst du,
du lebendige Sonne, Herr der unendlichen Dauer!
Du bist glänzend, du bist schön, du bist stark,
und die Liebe zu dir ist groß und gewaltig.
Deine Strahlen erhellen alle Gesichter,
und die Herzen belebt deine leuchtende Gestalt.
Mit der Liebe zu dir hast du die beiden Länder*
               erfüllt.

Erhabener Gott, der sich selbst formte,
der jedes Land schuf und hervorbrachte, was in ihm
               ist,
alle Menschen, Herden und Wild,
alle Bäume, die auf der Erde wachsen –
sie leben, wenn du für sie aufgehst.

Mutter und Vater bist du für die, die du geschaffen
               hast.
Ihre Augen sehen durch dich, wenn du erscheinst.
Deine Strahlen haben das ganze Land erhellt,
und jedes Herz jauchzt bei deinem Anblick;
denn du bist als ihr Herr erschienen.

Wenn du untergehst im Westhorizont des Himmels,
dann schlafen sie wie im Zustand des Todes;

---

*   Die beiden Länder: Das vereinigte Unter- und Oberägypten.

ihre Köpfe sind verhüllt und ihre Nasen verstopft,
bis daß dein Aufgehen im Osthorizont des Himmels
am Morgen wieder geschieht.

Ihre Arme sind im Lobpreis für deine
                            Schöpferkraft,
denn du belebst mit deiner Schönheit die Herzen,
man lebt, da du deine Strahlen gibst.
Alles Land ist im Fest.

Die Musikanten und Sänger
jubeln vor Freude
im Hof des Obeliskentempels,
in jedem Gotteshaus von Achetaton,
der Stätte der Wahrheit, mit der du zufrieden bist,
Speisen werden geopfert in ihrem Innern.

Dein makelloser Sohn tut das, was du lobst,
du lebendiger Aton in seinen Erscheinungen!
Alles, was du erschaffen hast, tanzt vor deinem
                            Angesicht!

Dein erlauchter Sohn, sein Herz jubelt vor Freude,
o lebendige Sonne, die zufrieden am Himmel ist Tag
                            für Tag.
Sie bringt ihren erlauchten Sohn hervor, den
                            Einzigen des Re,
gemäß ihrer eigenen Art, ohne Unterlaß.

Der Sohn des Re, der seine Vollkommenheit erhebt,
Echnaton, der Einzige des Re.

Ich bin dein Sohn, der dir angenehm ist und deinen
Namen erhebt.
Deine Kraft und deine Stärke sind fest in meinem
Herzen.
Du bist die lebendige Sonne, die unendliche Dauer
ist dein Abbild.
Du hast den Himmel fern gemacht, um an ihm
aufzugehen,
um alles anzuschauen, was du geschaffen hast.

Du bist ein Einziger,
aber Millionen an Leben sind in dir, um sie zu
beleben.
Odem für die Nase ist es, deine Strahlen zu sehen!
Alle lebenden Blumen, die auf der Erde wachsen,
gedeihen bei deinem Aufgang;
sie sind trunken vor deinem Angesicht.
Alles Wild tanzt auf seinen Füßen,
alle Vögel in ihren Nestern
fliegen vor Freude auf,
und ihre Flügel, die geschlossen waren,
breiten sich aus in Lobpreis
für die lebendige Sonne, ihren Schöpfer.
Der kleine Sonnengesang des Königs Echnaton

Glossar

Achetaton *siehe* Echnaton

Amenophis II. Sohn König Thutmosis III. (1426 bis 1400), war kurze Zeit Mitregent seines Vaters und setzte dessen Werk würdig fort. In ganz ungewöhnlicher Weise rühmt er seine körperliche Kraft und seine sportlichen Leistungen. In einer Stele beim Sphinx von Gise berichtet er, daß niemand seinen Bogen spannen konnte.

Amenophis III. Enkel von König Amenophis II. (1390 bis 1353). Unter seiner Regierung blieben die Grenzen des Reiches meist ruhig und der königliche Hof konnte seine höchste Pracht entfalten. Als große königliche Gemahlin erwählt der Herrscher Teje, eine Bürgerliche, die großen Einfluß auf die Regierungsgeschäfte ausübte. Als Bauherr übertraf Amenophis III. alle seine Vorgänger, wobei ein Hang zum Kolossalen zum Ausdruck kommt. Sein wichtigster Beamter war Amenophis, Sohn des Hapu, der in späterer Zeit als großer Weiser und als Gott verehrt wurde.

Amun Der Name des Gottes bedeutet »der Verborgene«. Er war der Gott des Windhauchs und zugleich Herr des Lebensodems, der alle Dinge beseelt. In einem Beinamen wurde er als »Mächtigster der Mächtigen« bezeichnet. Die bedeutendste Kultanlage des Nillandes, die Tempelstadt von Karnak, war ihm geweiht. Die Griechen haben ihn später mit Zeus gleichgesetzt.

Amun-Re *siehe* Amun und Re.

Ba-Seele (Ba) Dem Verstorbenen oder Göttern einwohnendes Seelenelement, das im Jenseits frei beweglich ist. Der Ba hat materielle Bedürfnisse und Funktionen, ist also keine Seele im christlichen Sinne. In Vogelgestalt oder als Vogel mit Menschenkopf dargestellt.

Echnaton (Amenophis IV.) Sohn Amenophis' III. und sein Nachfolger (1352–1336), führt die erste monotheistische Religion der Menschheitsgeschichte in Ägypten ein. Für seinen Gott Aton, der sich im abstrakten Bild der Sonnenscheibe mit Strahlenarmen manifestiert, errichtet er im 5. Jahr eine neue Hauptstadt in Mittelägypten, die Achetaton (Lichtort des Aton) heißt. Später schaltet der König alle anderen Götter des Landes aus, schließt ihre Tempel und verfolgt ihr Andenken. Nur wenige Jahre nach dem Tod des Herrschers kehrt Ägypten zum alten Glauben zurück.

Elephantine Südlichste Stadt des eigentlichen Ägypten, die auf einer Insel lag. In der Gegend von Elephantine baute man den beliebten roten Granit ab, um daraus Statuen und Architekturwerke herzustellen. Auf der östlichen Nilseite haben sich Steinbrüche erhalten.

Fest des Gottes Amun Eines der bedeutendsten Götterfeste im alten Ägypten. Es fand einmal im Jahr statt und dauerte mehrere Wochen. Den Höhepunkt bildete eine Prozession, in welcher die Götterbildnisse des Tempels von Karnak zum Luxortempel und wieder zurück gebracht wurden.

Götterneunheit Die Zahl neun (3 x 3) galt als gesteigerte Vielzahl. So steht der Begriff ›Götterneunheit‹ auch für ›alle Götter‹.

Horus »Der Ferne«, alter Himmels- und Königsgott. Als

Harachte (Horizontischer Horus) repräsentiert er die Tagesgestalt des Sonnengottes.

Memphis Eine bedeutende Residenzstadt des alten Ägypten, die 20 km südlich von Kairo lag. Die gräzisierte Namensform leitet sich von der ursprünglichen Benennung *Men-nefer-Pepi* ab. Heute sind nur geringe Reste erhalten. Die meisten mittelalterlich-arabischen Gebäude in Kairo sind aus Steinen gebaut, die von abgerissenen Gebäuden aus Memphis stammen.

Nefertari Große königliche Gemahlin von König Ramses II. Ihr Grab im Tal der Königinnen ist von außergewöhnlicher Schönheit und Pracht.

Ptah Schöpfergott, der sein Hauptkulturzentrum in Memphis hatte. Er galt als Schutzherr jeglicher handwerklicher Kunst. Die sogenannte Theologie von Memphis prägte die Vorstellung, daß Ptah die Erschaffung der Welt mit seinen Gedanken und Worten vollbracht habe.

Ramses II. Dritter König der 19. Dynastie (1279 – 1213). Unter seiner Herrschaft erreichte das ägyptische Reich zum letzten Mal einen Höhepunkt. Durch seine geschickte Diplomatie schenkte er seinem Land eine lange Periode des Friedens. Größter Bauherr Ägyptens.

Re Wichtigster und allgemeiner Name des Sonnengottes. Viele Götter sind synkretistisch mit ihm verbunden (z. B. Re-Harachte). Meist menschengestaltig dargestellt, ist er vor allem Schöpfer und Erhalter der Welt.

Re-Harachte *siehe* Horus und Re.

Sieben Hathoren Dieser Göttinnenverein bestimmt das Schicksal bei der Geburt eines Kindes.

Sesostris I. Zweiter König der 12. Dynastie (1918 bis 1875). Sohn des Dynastiebegründers Amenemhat I. und zunächst sein Mitregent. In Nubien eroberte er das Gebiet bis zum 2. Nilkatarakt und sicherte es durch Festungsanlagen. Während seiner Regierungszeit entstanden bedeutende Literaturwerke.

Sistrum Ägyptisch *sescheschet*, griechisch *seistron*. Ein Musikinstrument, das einen rasselnden Ton erzeugt und das im Kult vorwiegend von Frauen gespielt wurde.

Theben Der gräzisierte Name der wichtigen Stadt, die lange Zeit Hauptstadt des Landes war, leitet sich von einem ägyptischen Ortsnamen ab. Das heutige Luxor liegt zum Teil auf den Ruinen des alten Theben.

Thot Er gehörte zu den großen Göttern des Landes und galt als Herr des Wissens und des Berechnens. Da er auch als Götterbote wirkte, haben ihn die Griechen später mit Hermes gleichgesetzt.

Thutmosis III. Fünfter König der 18. Dynastie (1479 bis 1426). Ein hervorragender Feldherr, der aber auch seine großen Eroberungen in Asien und Nubien durch glänzende diplomatische Fähigkeiten zu sichern verstand.

Vizekönig von Nubien Das selbständige Fürstentum Nubien, das heißt der südliche Abschnitt des Niltals, welcher das heutige Ägypten mit dem Sudan verbindet, wurde um 1530 v. Chr. von Ägypten annektiert. Die Verwaltung leitete ab dann ein ›Vizekönig‹, der nicht mit dem Königshaus verwandt sein mußte. In der Regel hat man das Amt einem hohen Offizier übertragen.

Vezir Höchster Beamter des Staates. Über alle Verwaltungsstellen Ägyptens hatte er die Oberaufsicht und war zugleich höchster Richter des Landes.

Quellen

Recht, Gerechtigkeit, Wahrheit

Hieratische Papyrus Berlin IV. Literarische Texte des Mittleren Reiches, herausgegeben von Adolf Erman, Leipzig 1908, Tafel 10, 158–159 und Tafel 7, 62–68.

Kurt Sethe, Urkunden der 18. Dynastie, 4. Band, Berlin 1961 (unveränderter Nachdruck der 2. Auflage von 1927–1930), 1087, 3–1088,7; 1090,2–6.

Stele des Antef, Britisches Museum 562; William Kelly Simpson, The Terrace of the Great God at Abydos: The Offering Chapels of Dynasties 12 and 13, New Haven, Connecticut 1974, Plate 12, ANOC 5,3.

Wolfgang Helck, Urkunden der 18. Dynastie, Heft 18, Berlin 1956, 1408,17–1409,17.

Erzieher und Erziehung

Alan H. Gardiner, Late-Egyptian Miscellanies, Brüssel 1937, 101,2–14; 10,14–11,2.

Joachim Friedrich Quack, Die Lehren des Ani. Ein neuägyptischer Weisheitstext in seinem kulturellen Umfeld, Freiburg/Göttingen 1994, zwischen 308 und 309.

Hans O. Lange, Das Weisheitsbuch des Amenemope, aus dem Papyrus 10474 des Britischen Museums, Kopenhagen 1925, 2. Kapitel, 4,3–4,10 und 18. Kapitel, 19,10–20,6.

Kurt Sethe, Ägyptische Lesestücke zum Gebrauch im Akademischen Unterricht, Darmstadt 1959, 37,11–13.

Die Lehren des Ani op. cit., 319 und 302.

Vorgesetzte und Untergebene

Kenneth A. Kitchen, Ramesside Inscriptions, 7 Bände, Oxford 1968 ff, II, 361,11–14 u. 362,1–3.

Wolfgang Helck, Urkunden, Heft 21, Berlin 1958, 1827,14–1828,4.

Kurt Sethe, Lesestücke op. cit., 39,1–6.

Wolfgang Helck, Urkunden op. cit., Heft 17, Berlin 1956, 1344,10–20.

Sünden und Laster

Hieratische Papyrus Berlin IV op. cit., Tafel 22,95 – 102.

Kurt Sethe, Lesestücke op. cit., 39,12–40,3.

Hans O. Lange, Amenemope op. cit., 25. Kapitel, 24,8 bis 24,14.

Kurt Sethe, Lesestücke op. cit., 41,10–14.

Hieratische Papyrus Berlin III, Leipzig 1911, XXXIII, P 10627.

Die Lehren des Ani op. cit., 290.

Kurt Sethe, Lesestücke op. cit., 42,15–20.

Gardiner, Miscellanies op. cit., 47,6–10.

Wünsche und Hoffnungen

Gardiner, Miscellanies op. cit., 63,15–64 und 39,9–16 sowie 82,6–8.

Kurt Sethe, Urkunden op. cit., 1165,10–17.

Michael V. Fox, The Song of Songs and the Ancient Egyptian Love Songs, London 1985, 406, Appendix A.

Georges Posener, Catalogue des Ostraca Hiératiques Littéraires de Deir el Médineh, I, Kairo 1938, Nr. 1057.

Michael V. Fox op. cit., 408.

Die Lehren des Ani op. cit., 316–317 und 325.

Alter

Kurt Sethe, Lesestücke op. cit., 36,14–21.

Wolfgang Helck, Urkunden op. cit., 1380,12–1381,9.

Frantisek Lexa, Papyrus Insinger, 2 Bände, Paris 1926, 17,21–18,5.

Über den Tod

Kurt Sethe, Lesestücke op. cit., 44,22–45,9; 46,5–13.

Michael V. Fox op. cit., 380.

Adolf Erman, in: Festschrift für Eduard Sachau, Berlin 1915, 103 ff.

Die Lehren des Ani op. cit., 292.

Aylward M. Blackman, Middle-Egyptian Stories, Part I, Brüssel 1932, 48,1–2.

93

Verzweiflung: Aus den Fugen geratene Welt

Wolfgang Helck, Die Prophezeiungen des Nfr.tj, Kleine Ägyptische Texte, Wiesbaden 1975, VII a–VII d.

Alan H. Gardiner, The Admonitions of an Egyptian Sage, Leipzig 1909, 84 zwischen 12,13–13,1 und 105/106,1–4.

Wolfgang Helck, Nfr.tj. op. cit., IX a–IX f.

Hymnus an die Sonne

Maj Sandman, Texts from the Time of Akhenaten, Brüssel 1938, 11–17.

Bildnachweis

S. 25 Bestrafung eines Bauern, Wandmalerei im Grabe des Menena, Theben Nr. 69, Nachzeichnung von Barbara Lüscher

S. 35 Rechmerê, Wesir unter Thutmosis III., aus: Aegypten und aegyptisches Leben im Altertum, von Adolf Erman, neu bearbeitet von Hermann Ranke, Tübingen 1923, S. 120

S. 37 König, Audienz erteilend, aus: Erman/Ranke, S. 68

S. 59 Herrenfiguren, Relief, aus: Erman/Ranke, S. 478

S. 71 Harfespielender Priester, aus dem Grab Ramses' III., aus: Erman/Ranke, S. 284

S. 85 Die Untertanen Echnatons, die Sonne anbetend, aus: Erman/Ranke, S. 461

Literaturverzeichnis

Assmann, Jan, Ägyptische Hymnen und Gebete, Zürich/ München 1975

Assmann, Jan, Ägypten. Eine Sinngeschichte, München/ Wien 1996

Assmann, Jan, Herrschaft und Heil, Politische Theologie in Altägypten, Israel und Europa, München/Wien 2000

Brunner, Hellmuth, Altägyptische Weisheit, Lehren für das Leben, Zürich/München 1988

Brunner, Hellmuth, Grundzüge einer Geschichte der altägyptischen Literatur, Darmstadt 1986

Brunner-Traut, Emma, Altägyptische Märchen, Düsseldorf/Köln 1989 (8. Auflage)

Caminos, Ricardo A., Late-Egyptian Miscellanies, London 1954

Erman, Adolf, Die Literatur der Ägypter, Leipzig 1923

Grumach, Irene, Untersuchungen zur Lebenslehre des Amenemope, Berlin 1972

Hornung, Erik, Gesänge vom Nil, Dichtung am Hof der Pharaonen, Zürich/München 1990

Hornung, Erik, Altägyptische Dichtung, Stuttgart 1996

Lichtheim, Miriam, Ancient Egyptian Literature, 3 Bde., Berkeley: University of California Press, 1973–1980

Lichtheim, Miriam, Late Egyptian Wisdom Literature in the International Context. A Study of Demotic Instructions, Freiburg/Göttingen 1983

Lichtheim, Miriam, Ancient Egyptian Autobiographies Chiefly of the Middle Kingdom, Freiburg/Göttingen 1988

Quack, Joachim Friedrich, Die Lehren des Ani. Ein neuägyptischer Weisheitstext in seinem kulturellen Umfeld, Freiburg/Göttingen 1994

Roeder, Günther, Altägyptische Erzählungen und Märchen, Jena 1927

Schott, Siegfried, Altägyptische Liebeslieder, Zürich 1950

Simpson, William Kelly, The Literature of Ancient Egypt. An Anthology of Stories, Instructions, and Poetry, New Haven/London 1972

Steindorff, Ulrich, Märchen und Geschichten der Alten Ägypter, Berlin 1925